OPINION

SUR

LA CONSPIRATION

DE

MOREAU, PICHEGRU

ET AUTRES.

Imprimerie de **MAUGERET**, lib., faub. St.-Martin, n°. 38.

Je n'avouerai que les exemplaires signés de moi.

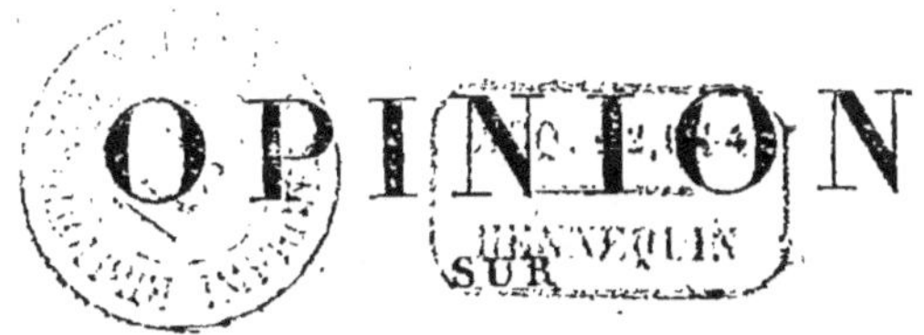

OPINION

SUR

LA CONSPIRATION

DE

MOREAU, PICHEGRU

ET AUTRES,

SUR LA NON-CULPABILITÉ DE MOREAU, ET PROCÈS-VERBAL DE CE QUI S'EST PASSÉ A LA CHAMBRE DU CONSEIL, ENTRE LES JUGES, RELATIVEMENT A CE GÉNÉRAL ;

Par M. LECOURBE, Juge en la Cour de Justice Criminelle de Paris.

NOUVELLE ÉDITION,

Revue, corrigée et augmentée.

PARIS,

CHEZ {
Gabriel WARÉE, Libraire, quai Voltaire, n°. 21.
LENORMANT, Imprimeur-Libraire, rue de Seine,
DELAUNAY, Libraire, Palais Royal, galerie de bois.

25 Avril 1814.

PRÉFACE.

L'opinion et le procès-verbal qu'on va lire n'étaient pas destinés à devenir publics ; je voulais les laisser à mes enfans, comme un héritage digne des magistrats, leurs aïeux ; mais des hommes sans honneur comme sans délicatesse, ont révélé mes votes à Bonaparte et à son gouvernement ; j'ai été persécuté et révoqué pour avoir obéi à l'honneur et à ma conscience ; cette honteuse révélation m'a délié de toute espèce d'obligation au secret : (1) ma proscription a été publique, la cause doit l'être aussi ; beaucoup de personnes l'ont devinée, cependant, il convient de convaincre tout le monde de la plénitude de mon innocence, en démontrant les motifs de l'espèce

(1) Il n'est question que d'une obligation de *convenance* ; car il n'y a pas d'obligation *légale* dans l'état actuel de notre législation : et quand il s'agit de révéler une forfaiture, il n'y a plus de secret à garder.

de flétrissure , dont j'ai été six ans la victime (1). Tel est mon but en publiant ce petit ouvrage.

Dans les momens ordinaires, faire son devoir est ce que l'on doit ; mais lorsqu'une autorité tyrannique employe les promesses et les menaces pour déterminer les juges à commettre une injustice , il y a quelque courage dans la résistance; et, peut-être, les Français verront avec satisfaction que, sur douze juges, tous nommés par Bonaparte, il s'en soit trouvé sept qui aient écouté la voix de leur conscience, et que trois aient osé persister dans leur première opinion sur la non-culpabilité d'un homme qu'on voulait sacrifier à l'ambition du chef de l'État.

Je dois remarquer ici, pour ceux qui verront mon procès-verbal, comme le complément du procès du général Moreau , que j'ai cherché surtout à être exact ; on a prétendu que des étrangers étaient entrés dans la chambre des délibérations des juges pour leur faire

______

(1) J'ai dû surtout démontrer que le général Moreau avait été acquitté, et qu'on avait substitué un second jugement au premier.

des menaces : cela n'est pas vrai. On s'est beaucoup agité autour de la chambre des délibérations ; les partisans de la condamnation sortaient et rentraient ; ils allaient conférer avec les agens supérieurs des polices civile et militaire ; ils étaient porteurs de leurs volontés et de leurs menaces, et l'on peut dire qu'ils se sont bien acquittés de leur commission.

On a forcé les juges à prononcer sans avoir sous les yeux aucune des pièces du procès ; excepté l'acte d'accusation ; et lorsque je m'en plaignis dans la chambre du conseil, on répondit que ces pièces étant trop volumineuses, on n'avait pas encore pu les faire imprimer : *elles furent distribuées après le jugement.*

Il faut remarquer à ceux qui ont les débats sténographiés, qu'il ne s'imprimait rien sans que le chef de la police et le rapporteur n'eussent revu et corrigé toutes les rédactions.

Si l'on trouve quelques incorrections de style, on saura que j'ai rédigé mes opinions à la hâte, et que les ayant confiées depuis ce temps à un ami, j'ai cru remplir un devoir religieux de n'y rien changer.

À MM. les Rédacteurs des Journaux.

MESSIEURS,

JE n'ai que quelques mots à répondre à ceux qui prétendent que je n'aurais pas dû faire imprimer mon procès-verbal relativement au général Moreau.

Mon but, en publiant mon récit ou procès-verbal, a été de démontrer à la France entière que le général Moreau avait été déclaré innocent, dans le système même de l'accusation, par sept voix contre cinq ; selon le principe consacré en matière criminelle et capitale , le *flatus judicis* est acquis à l'accusé, *ipso dicto*. Ce principe venait d'être reconnu par les juges, un moment auparavant, à l'occasion du jeune De Polignac ; cependant il a été violé à l'égard du général Moreau. On a substitué, par des moyens odieux, un second jugement au premier ; j'ai dû signaler et faire connaître cet abus du pouvoir et cette espèce de forfaiture ; il fallait ne pas laisser peser sur la mémoire d'un grand homme un jugement de condamnation, quel qu'il soit.

Pour parvenir à ce but honorable , j'ai dû d'abord rapporter le résultat de l'opinion de chaque juge , afin de prouver le premier jugement ; j'ai développé ensuite les moyens extraordinaires qui ont été employés pour former le second ; je n'ai parlé des opinions des juges qu'autant que j'y étais forcé, et seulement dans le cercle que je m'étais prescrit, quoiqu'il n'y ait pas d'obligation *légale* au secret (1); cependant on doit respecter les convenances, c'est ce que j'ai cherché à faire, et il a fallu le motif puissant qui m'a fait agir, pour me décider à retracer des souvenirs pénibles, et à parler des hommes.

M. Bourguignon a prétendu que je n'avais pas rapporté exactement sa première opinion : mon collègue Rigault ni moi ne nous sommes pas souvenus de la distinction qu'il dit avoir faite entre la culpabilité et l'application de la peine ; au reste, pour prouver le premier jugement, j'ai rapporté cinq voix pour la culpabilité et sept voix pour l'absolution ; j'ai donc été exact, puisque M. Bourguignon convient avoir voté pour la culpabilité.

____

(1) Quand les compagnies avaient *l'admittatur* et la police sur leurs Membres, et rendaient des arrêts de réglement sur la police générale et particulière, on promettait le secret en entrant en fonctions ; on ne le promet plus actuellement : les juges et même les jurés ont été tenus long-temps d'opiner à haute voix. L'état actuel de notre législation veut qu'ils délibèrent *à voix basse* et rendent leur jugement ou décisions à haute voix. La loi ne s'explique pas autrement sur le secret des délibérations, et l'on sent bien qu'il ne saurait être gardé quand on se plaint d'une forfaiture.

M. Bourguignon a réellement tenu le propos qu'il appelle *inepte*, et qu'il dit que je lui attribue ; tous ses collègues doivent l'avoir entendu comme moi, et il en a fait, avec les motifs de culpabilité, une des bases de son opinion pour porter la peine correctionnelle de trois mois à deux ans de prison.

Quand il parle de son courage, c'est sans doute de celui qu'il a montré pour soutenir son opinion contre la majorité, à moins qu'il ne veuille faire une plaisanterie.

Mme. La Jolais se plaint de mon opinion sur son époux ; je suis fâché d'avoir été obligé, pour ma justification, de publier cette opinion, puisqu'elle la blesse ; j'ai voulu établir que même, en supposant la conspiration existante, ce que je ne pensais pas, il n'y avait aucunes preuves *légales* pour condamner Moreau ; il est possible qu'au moment du jugement je me sois trompé sur les motifs et les intentions de M. de La Jolais dans cette affaire ; j'attendrai que les augustes protecteurs que Mme. de La Jolais invoque me convainquent de mon erreur.

M. Hemart réclame aussi ! quel beau champ il m'offrirait si je voulais mériter le reproche qu'un journaliste m'a fait de provoquer des vengeances et des réactions ! Depuis long-temps l'opinion publique a jugé M. Hemart : je le renvoie à mon récit ou procès-verbal.

Sous prétexte de convenances très-problématiques, il voudrait qu'on laissât dans l'oubli les abus du pouvoir les plus crians et les forfaitures les plus inouies; l'on conçoit le motif qui le fait parler : dans la justice comme dans les autres états, l'ignominie est personnelle, et n'est pas solidaire : l'expérience du passé ne saurait être perdue pour l'avenir.

Il insinue, avec perfidie, qu'un juge doit craindre de délibérer à côté de moi; *l'honnête homme* ne craindra jamais de siéger à côté d'un *honnête homme,* et je doute que dans la magistrature on partage son opinion sur ce point.

L'on doit toujours avoir l'énergie du bien, c'est en la montrant dans l'occasion, qu'on empêche le mal et qu'on le prévient; si depuis douze ans les honnêtes gens avaient déployé, pour le bien et la justice, la moitié de l'énergie que les méchans ont montrée pour le mal, la France n'aurait pas vu tous les malheurs qui l'ont accablée.

J'espère, d'après ces explications, qu'on ne me supposera aucun esprit de vengeance, et qu'on sentira que ma justification et l'innocence *légale* du général Moreau ont seules dirigé ma conduite.

LECOURBE.

DE L'IMPRIMERIE DE LEFEBVRE, RUE DE BOURBON, N°. II, F. S.-G.

OPINION

SUR

L'EXISTENCE DE LA CONSPIRATION.

Messieurs.

Dans un procès de conspiration, si la justice effraye les accusés, l'application des lois doit effrayer les juges. Pour la première fois de ma vie, je suis appelé à prononcer dans une semblable affaire, et je ne pense pas sans trembler aux suites du jugement que nous allons rendre. Ce qui me rassure, c'est que toujours guidé par l'honneur et ma conscience, j'espère ne trahir ni l'un ni l'autre dans l'opinion que je vais émettre.

Les crimes politiques ont une physionomie particulière : ils ne sont pas comme ceux qui blessent la morale, des crimes de tous les temps et de tous les lieux; dans une révolution de douze ans, nous avons vu beaucoup de conspirations ; nous avons vu des faits être criminels pendant six mois ou un an, et devenir ensuite des titres pour parvenir aux emplois et aux dignités; les crimes de lèze-nation ont changé de motifs et d'objets suivant les partis et les hommes qui ont gouverné. Je ne prétends pas tirer de ce que je viens de dire, un argument en faveur des accusés sur le sort desquels nous avons à prononcer; mais je présente ces idées pour nous rappeler à tous que les conspirations ayant été des moyens plus ou moins odieux pour parvenir au pouvoir, ou pour se venger de ses ennemis, doivent être examinées avec soin, et vues même avec une espèce d'indulgence.

Plus le crime d'avoir voulu renverser le Gouvernement et d'avoir voulu attenter aux jours du chef de l'État est grand, plus nous devons nous défier de l'indignation qu'un pareil crime inspire, et craindre de prendre pour des preuves ce qui ne serait que des présomptions. Dépouillons-nous, s'il est possible, de toute prévention défavorable; cherchons à voir comme verra la postérité. Premier motif d'indulgence.

Cette indulgence nous est encore commandée par l'opinion publique; vous n'ignorez pas quel intérêt inspirent toujours des hommes accusés d'un crime qui ne parle qu'à l'imagination, et qui n'a rien produit de réel aux yeux du peuple.

Cet intérêt s'accroît encore dans la circonstance présente, à cause d'un homme illustre par sa réputation de valeur et de probité; le nombre, la qualité des accusés, leur attachement bien prononcé à une cause proscrite, mais à une cause qui, on ne peut se le dissimuler, a beaucoup de partisans : tout peut égarer l'opinion ou la salir sur notre compte, en nous présentant comme des révolutionnaires, nous qui les punissons. Je sais que cette raison ne doit pas nous empêcher de faire notre devoir ; mais si en faisant notre devoir, nous pouvons, à force de magnanimité, désarmer la calomnie et forcer l'opinion publique à nous respecter, nous serons arrivés, par une voie bien flatteuse pour nos cœurs, au but desiré de nos travaux et de nos peines, à l'estime de nos concitoyens.

L'indulgence nous est aussi prescrite par notre propre intérêt ; ici, Messieurs, je me contenterai de vous rappeler que si l'estime publique est le prix le plus flatteur de vos travaux, combien ne seriez-vous pas abreuvés d'amertumes et de dégoûts, si vous veniez à voir l'arrêt que vous allez rendre, désavoué par vos contemporains. Je ne vous dirai pas que l'on vous a déjà appelés tribunal révolutionnaire; je ne vous rappellerai pas que des tribunaux sévères ont existé à diverses époques en France, depuis la révolution, et qu'ils ont toujours été brisés; je ne vous dirai pas que leurs membres ont été flétris ou rejetés de la société, ou même punis de mort. Vous ne serez jamais dans une pareille cathégorie ; la sagesse que j'ai remarquée dans vos décisions, depuis que j'ai l'honneur de siéger parmi vous, m'en est un sûr garant ; d'un autre côté, la stabilité que paraît prendre le Gouvernement actuel, éloigne de vous toute espèce de frayeur à cet egard.

Quelque étrangéres que puissent vous paraître ces idées, j'ai cru devoir vous les soumettre : elles m'ont frappé, et je desire qu'elles produisent le même effet sur vos esprits.

J'aborde la question de la *Conspiration*. J'ai cherché dans les anciens criminalistes des définitions exactes de ce mot, et je n'y ai trouvé que des compilations de l'ordonnance de Blois, des ordonnances de Louis XI, de Charles IX, de Henri III et de Louis XIII. Muyard de Vouglans (1), Beccaria et d'autres publicistes, se taisent sur cette définition, n'en trouvant aucune d'exacte dans les anciens, et le Code pénal me défendant d'avoir recours à des lois qui lui seraient antérieures, je cherche dans ce Code une explication dont j'ai besoin : ce Code est muet ; je m'adresse enfin

(1) Auteur des Lois criminelles de France, duquel je m'honore d'être le neveu.

au nouveau projet de Code Criminel ; et quoiqu'il ne soit pas une loi, cependant j'y trouve
une définition d'autant plus importante , que le
bon sens et la raison l'avouent. J'y lis : Art. 91,
deuxième section de la première partie, ce qui
suit : « Il y a complot (ou conspiration), dès
» que la résolution d'agir est concertée et arrêtée
» entre les conspirateurs. »

Avant cela, tout est donc du domaine de la
police : ce n'est qu'à ce moment que l'action de
la justice commence. J'applique ce principe à la
cause qui nous occupe, et je me dis : Les hommes
sur lesquels je vais prononcer ont-ils concerté et
arrêté la résolution d'agir contre le Gouvernement
et le Premier Consul ? C'est ce qu'il faut examiner.

D'après la procédure, on se rappelle que le
comte d'Artois a dit : « Si nos deux généraux viennent à être d'accord, je ne tarderai pas à rentrer
en France ». On se rappelle les oui-dires qui ont cir-
culé à Londres, (et qui présentaient des inexacti-
tudes et des faits controuvés) ; on se rappelle qu'ils
attendaient un prince français pour s'organiser et
agir ; on se rappelle que tous ont été trompés sur
les faits, les personnes et les choses ; on se rappelle qu'ils ne s'entendaient même pas ensemble ;
on se rappelle enfin que les principaux d'entr'eux

ont dit que, comptant beaucoup sur l'opinion publique, qu'on leur disait être royaliste, ils sont venus en France, sans projets arrêtés et sans plans fixes déterminés ; ils sont venus sans doute avec des intentions contraires au Gouvernement: l'espèce d'hommes l'indique assez, mais l'intention peut être du ressort de la police administrative et non de celui des tribunaux. Tous les aveux de ces accusés affirment ce que j'avance, et vous êtes en quelque sorte obligés de vous en rapporter à eux, puisque vous n'avez d'autres preuves que leurs propres aveux à leur opposer ; je sais que leur présence à Paris les accuse, mais de mauvaises intentions et non pas de conspiration. Ils étaient armés, mais pour leur défense ; ils n'étaient pas armés de fusils, arme qui suppose une réunion pour une attaque ; d'ailleurs la plupart, ex-chefs de chouans, étaient habitués à marcher armés de pistolets et même de poignards. Depuis plusieurs mois ils étaient à Paris, ils s'y cachaient ; et l'on n'a trouvé sur eux et chez eux ni signe de ralliement, ni munitions de guerre, ni plans concertés d'attaque. Il me semble donc que ces hommes avaient plutôt l'intention de former une conspiration, qu'ils ne l'ont formée réellement.

Si je consulte l'histoire des conspirations, je vois dans celle de Catilina, un projet concerté et arrêté, la distribution des rôles fixée, des hommes mandés du dehors pour agir, des armes cachées, le mode d'exécution déjà en activité ; et, s'il m'est permis de m'expliquer ainsi, une conspiration vivante. Il en est de même de celle de Venise, dans laquelle des conspirateurs furent arrêtés, les uns au moment où ils se portaient au rendez-vous pour agir, les autres après avoir déjà exécuté en partie la part qui leur avait été confiée, en s'emparant du Béfroy.

Ce qui ajoute encore à mes doutes, c'est la conduite présumée de la police haute et basse. Observez, mes collègues, que ce sont des présomptions que je vais vous soumettre ; mais quelquefois des présomptions ne laissent pas de faire impression sur un esprit raisonnable. On prétend que Duvergne de Presle, trahissant le parti royaliste, est allé en Angleterre, par ordre de la police. On sait comment Méhée a trompé le gouvernement Anglais, et a fait de M. Dracke, comme il le dit plaisamment, un *gobe-mouche.* Lajolais, d'après les débats, a trompé les royalistes bourboniens en Angleterre, par les bruits mensongers qu'il a répandus ; et soit qu'il ait agi pour se rendre intéressant, soit qu'il ait agi par une impulsion venant de France, toujours est-il demeuré bien constant qu'il n'a pas agi par ordre du général Moreau. Je n'ajouterai rien de plus à cet égard : votre sagacité me devine.

Couchery était employé chez le général Moncey, premier inspecteur de la gendarmerie. Ce général a aussi sa police, comme beaucoup d'autres grands de l'Etat ; eh bien ! Couchery a été renvoyé de chez le général Moncey, et Couchery a révélé au procès tout ce qu'il savait.

Poulet a vendu de la poudre à Lenoble : Poulet n'a pas rendu compte de ce qu'il avait fait pour se procurer cette poudre lui-même. Pourquoi donc ne siége-t-il pas avec les autres accusés ? La police l'a-t-elle absout ?

Toutes ces données et les réflexions qu'elles suggèrent, font naître, je l'avoue, dans mon âme, des idées désagréables, dont j'ai peine à me défendre. A-t-on voulu tendre un appas à ces hommes pour les appeler près du soleil qui devait les brûler ? et, dans ce cas, leur crime n'est pas l'effet de leur volonté propre ; il se trouve atténué par une circonstance étrangère : A-t-on voulu sacrifier un bon général, en l'accolant avec perfidie à des hommes qu'on cherchait à perdre ? a-t-on voulu nous rendre les instrumens d'une tragédie ourdie par la police ? Je me fais toutes ces questions, je doute, et je puise dans ces mêmes doutes, les élémens de l'indulgence que je professe aujourd'hui.

Mes collègues, c'est dans le secret de vos cœurs

que j'ai déposé mes pensées : j'espère que vous ne les interpréterez pas à mal pour le Gouvernement, et surtout pour son chef ; mais, je l'avoue, j'exècre cette police astucieuse qui, au lieu de prévenir les crimes, les provoque elle-même.

Si de la haute police je passe à la basse, je dirai que la manière dont on a traité les accusés et même une partie des témoins, n'est pas légale ; que les plaintes, sans doute exagérées de quelques-uns, ont fait sur mon âme, comme sur l'esprit des citoyens, une impression très-désagréable ; et qu'enfin, des témoins que l'on tient en prison, des révélations prétendues extorquées par la force, ne sauraient offrir des élémens sûrs pour ma conviction.

Je vous présente ces réflexions qui m'ont frappé, et je vous avoue qu'il n'y a que les hommes que nous avons à juger, qui pourraient me porter à soupçonner la conspiration.

Si nous avions à juger d'autres hommes, les raisons que je viens de développer conserveraient toute leur force à mes yeux, et je déclarerais formellement qu'en mon âme et conscience, il n'y a pas eu conspiration. Je me contente donc, dans la perplexité où je suis, de déclarer que je

regarderai comme constant à cet égard ce que
la majorité décidera dans sa sagesse , disposé toutefois à me joindre à ceux qui opineraient pour la
négative sur cette question.

OPINION

SUR

LA QUESTION DE CULPABILITÉ

DU

GÉNÉRAL MOREAU.

———

Messieurs,

Jamais juges n'ont été appelés à prononcer sur
le sort d'un plus illustre accusé! jamais juges n'ont
été dans une position aussi délicate que celle dans
laquelle nous nous trouvons! Nous avons à statuer
sur une accusation capitale, dirigée contre le général Moreau; et si le Gouvernement, auquel nous
sommes tous attachés, l'accuse: d'un autre côté, il
faut le dire avec franchise, l'opinion publique,
l'opinion de la France entière repousse cette accusation. Placé entre ces deux écueils, s'il est permis
de parler ainsi, je me retranche dans ma conscience;

et, comme elle ne m'a jamais inspiré rien dont j'aie eu à rougir, je l'écoute avec confiance : c'est sa seule impulsion qui me dirige; voici ce qu'elle me dicte :

J'ai partagé avec tous les Français le premier mouvement de surprise et de douleur qu'a occasionné l'arrestation du général Moreau ; habitué à vénérer son nom illustré par dix ans de gloire, convaincu depuis long-temps et par des rapports certains, de son peu d'ambition, persuadé même de son éloignement pour tout ce qui touche à la politique intérieure de son pays, j'ai soupçonné que des tracasseries particulières, peut-être même des suggestions étrangères avaient pu le détourner un moment de la route de ses devoirs; j'ai plaint son erreur, parce que je ne pouvais pas en supposer une au Gouvernement qui l'accuse ; mais j'ai souhaité ardemment qu'en ce cas même des jurés, amis de leur patrie, pussent mettre dans la balance ses services avec ses torts, et, par un grand acte de justice nationale, rendissent ce brave homme à ses concitoyens et le missent encore à portée de leur rendre de nouveaux services en cueillant de nouveaux lauriers. Telles étaient mes pensées, tels étaient mes souhaits, lorsque je me suis vu appelé à prononcer, comme juge, sur le mérite de l'accusation. Excuse, respectable général, ces sentimens :

ils ont bientôt fait place à d'autres moins défavo-
rables et d'autant plus flatteurs, qu'ils ont été plus
raisonnés et plus réfléchis.

J'ai recueilli toutes les charges; j'ai entendu et
examiné tous les rapports; j'ai même lu ces quatre
diatribes qu'on a distribuées hier aux juges : je les
appelle diatribes, quoiqu'elles soient venues en
partie sous des couverts respectables, parce qu'elles
ne sont pas signées; parce qu'elles contiennent
toutes des faits faux, inexacts ou tronqués; parce
qu'enfin il est inouï de voir répandre avec profu-
sion et distribuer publiquement aux juges, des
écrits sans signatures contre un homme, quel
qu'il soit, accusé d'un crime capital et à la veille de
son jugement. Pardonnez, Messieurs, cette obser-
vation : l'humanité et la raison outragées me l'ont
dictée, et je sais qu'elle a été partagée par plusieurs
d'entre vous; j'ai donc examiné l'accusation toute
entière, et je me suis convaincu qu'elle est le résultat de la noirceur et de la perfidie les plus insignes;
j'ai vu un grand Général que l'on a voulu perdre
ou flétrir. J'ai vu autour de lui des menées en tous
sens, des tracasseries, des commérages, des em-
bûches, des espionnages et des projets chimériques;
mais je n'ai vu et pu voir que cela. Impassible au
milieu de tous ces mouvemens divers, il s'est moqué
des uns, il a plaint les autres; il a frondé en breton

des ridicules, mais il est resté fermement attaché
à ses devoirs de citoyen et d'honnête homme; et,
je l'oserai dire, cet événement, loin de me montrer
en lui un conspirateur, a relevé à mes yeux l'éclat
de sa sagesse et de sa modération.

Vous attendez sans doute, Messieurs, que je vous
développe les motifs de mon opinion; vous allez
être satisfaits : je suivrai pour cela l'historique de
l'acte d'accusation, j'examinerai chaque fait avec
ses circonstances ; et j'espère vous convaincre,
comme je le suis, de l'innocence du général Moreau.

Rappelez-vous que j'ai cherché à établir, d'après
ma manière de voir, qu'il n'a pas existé réellement
une conspiration; ce que j'ai dit à cet égard revient
ici naturellement pour démontrer, 1°. que le général Moreau a été circonvenu par des hommes
qui se disaient ses amis, et qui n'étaient peut-être
que les agens de quelqu'une des nombreuses polices qui existent a Paris; 2°. que, pour le perdre, on
a cherché à le faire entrer dans un projet formé et
connu à l'avance, et dont les futurs agens, appelés
de Londres à Paris, ont été, sans s'en douter, les
jouets d'une main invisible qui s'est servi de leurs
passions pour les tromper; on voulait avoir en sa
puissance des hommes dont on craignait le génie

entreprenant, et frapper en même temps un général dont la réputation gênait, et que l'on croyait ennemi du gouvernement. Ces faits, par leur nature, ne peuvent avoir un caractère d'évidence , mais du moins ils me paraissent très-plausibles. A Dieu ne plaise que je veuille jeter des soupçons odieux sur le chef de l'Etat ! sa générosité les repousse ; mais vous savez qu'autour d'un maître puissant, il y a souvent des valets qui, pour se rendre nécessaires ou agréables, font toujours plus qu'on ne leur demande.

On a prétendu aussi que le Gouvernement anglais avait ourdi seul ce projet, dans l'espoir de perdre le chef de l'Etat s'il réussissait, et de perdre un grand général s'il ne réussissait pas. Il n'y a aucune espèce d'indices à cet égard ; il est certain cependant que ce Gouvernement y a applaudi dès qu'il a pu le connaître, peut-être dans l'intention de rétablir les Bourbons. Quelle que soit au reste la manière dont le prétendu projet a été conçu et formé , toujours est-il vrai, est-il constant que Moreau n'a pas voulu y adhérer ; l'acte d'accusation même l'annonce et le répète presqu'à chaque page.

Maintenant je vais raisonner dans la supposition de l'existence d'une conspiration tendant à rétablir les Bourbons sur le trône de France ; car c'est là le seul point de l'accusation.

Oui, Messieurs, quels que soient les intérêts ou les hommes qui ont noué les fils de cette prétendue conspiration, rien n'est mieux prouvé au procès, tant par les débats que par les déclarations des accusés, surtout de ceux qui chargent Moreau, que le refus formel de ce général d'entrer dans aucun projet qui aurait pour but le rétablissement des Bourbons sur le trône.

Bouvet de Lozier a déclaré, dans les débats, qu'en venant en France, il avait cru, parce que Lajolais le lui avait dit en Angleterre, que Moreau était d'accord avec les royalistes pour rétablir les Bourbons; mais qu'il a reconnu depuis que cela était faux, et que tout ce qu'il avait avancé dans ses interrogatoires sur ce prétendu accord, provient de la même erreur dans laquelle on l'avait entretenu.

Roussillon, Rochelle et Armand de Polignac ont fait à peu près les mêmes aveux : tous ont déclaré que Lajolais avait dit en Angleterre que Moreau était disposé à servir les princes.

Lajolais a nié avec embarras ces déclarations, et il est résulté des débats la preuve évidente que Lajolais n'était allé qu'une seule fois à Londres, et non pas deux fois comme l'annonce l'acte d'accusation, et qu'il n'y a pas été par ordre ou sur la demande de Moreau : je reviendrai tout-à-l'heure sur ce point.

Dans la déclaration de Roland on voit que Moreau est censé lui dire : « Je ne puis me mettre à la » tête d'aucun parti pour les Bourbons, un essai pa- » reil ne réussirait pas, etc. » Ce même Roland a dit que Pichegru, à la suite de sa seconde et dernière entrevue avec Moreau, parut très-mécontent de ce dernier, parce qu'il n'entrait pas dans ses vues, et s'écria, dans un mouvement d'humeur: *Il paraît que ce b.....-là a aussi de l'ambition.*

Si l'on fait ensuite attention aux déclarations de la grande majorité des accusés, qui ont avoué avoir su que Moreau et Pichegru n'étaient pas d'accord, que Moreau refusait de travailler pour les Bourbons, par suite des ouvertures qui lui en avaient été faites, et que l'on serait obligé de renoncer au projet qu'il s'agissait de nouer; tout enfin démontre que Moreau est étranger au projet tendant à remettre un Bourbon sur le trône; et comme c'est là l'unique accusation dirigée contre lui, accusation démentie néanmoins à chaque paragraphe par l'acte même du procureur général, il semble dès-lors qu'on n'a pas dû le mettre en jugement.

Continuons cependant, et examinons les prin-

cipaux faits qu'on lui impute ; d'abord on lui dit :
» Vous avez dénoncé, en l'an 5, le général Piche-
» gru comme un traître à sa patrie : eh bien ! ou vous
» étiez son complice en l'an 3, ou vous êtes devenu
» en l'an 5, par suite de votre dénonciation, son
» ennemi irréconciliable ; et, dans ce dernier cas,
» l'honneur vous défendait de le voir : vous l'avez
» vu cependant en secret ; il n'y a qu'un grand in-
» térêt qui ait pu vous rapprocher de lui : il conspi-
» rait, donc vous conspiriez. »

Ah ! Messieurs, que d'erreurs, je dirais presque
de sottises dans ce raisonnement ! Si le ministère
public, qui a eu sous les yeux toute la procédure,
avait fait attention à la lettre saisie à Calais, sur
David, il y a vingt mois, au moment où ce dernier
passait en Angleterre, lettre relative à Pichegru et
écrite avec l'effusion de la confiance, par le général Moreau ; il aurait senti la réponse à tout cet
échafaudage d'accusation. On voit, en effet, dans
cette lettre que le général Moreau ne cherche pas
à s'excuser d'avoir livré au Gouvernement les pièces
qui accusaient Pichegru ; on y lit : «J'ai reçu, Mon-
» sieur, votre lettre du 14 messidor, relative au gé-
» néral Pichegru ; vous m'y parlez *d'un événement*
» *dont je ne veux nullement me justifier*, etc. »
Donc Moreau n'avait pas participé, en l'an 3, à la
trahison de Pichegru ; puisqu'il ne veut pas se jus-

tifier d'en avoir livré les preuves : livre-t-on, garde-t-on même des pièces qui peuvent nous inculper personnellement? Ces pièces, elles-mêmes, annoncent que Moreau était étranger au secret de Pichegru ; et, comme l'a fort bien observé le défenseur du premier, ce n'est pas par des victoires que l'on partage une trahison, lorsque les effets de cette trahison sont précisément basés sur les revers de l'armée qu'on commande. Il serait ridicule de s'appesantir sur ce point.

On lit encore dans cette même lettre : « Si quel-» qu'un peut me faire des reproches d'avoir gardé » pendant quatre mois des papiers pris à un état-ma-» jor ennemi, c'est sûrement le Gouvernement qui » avait droit de les exiger tout de suite, et non le » général Pichegru, *que je croyais y voir impli-* » *qué, et que je voulais soustraire à une accu-* » *sation.* » La conclusion la plus raisonnable à tirer de cette dernière phrase, c'est que Moreau ne voulait pas dénoncer son ancien frère d'armes, son ancien général en chef, quoiqu'il ne partageât pas tout-à-fait ses opinions politiques; parce que l'honneur militaire couvre la dénonciation du vernis de l'infamie, et l'on sent très-bien qu'on peut ne pas partager l'opinion d'un homme, et cependant ne pas le dénoncer, lorsque surtout, comme dans le cas particulier dont il s'agit, cet homme n'est plus en mesure de nuire à son pays ; d'ailleurs il n'était pas certain pour Moreau que Pichegru fût inculpé dans les papiers saisis dans le fourgon de Klinglin ; ces papiers étaient en chiffres, et ce n'est que long-temps après leur envoi à Paris et leur déchiffrement dans le ministère de la police générale, que l'on est parvenu à s'assurer que Pichegru était royaliste. Dans cette incertitude, Moreau agissait donc sagement, en ne dénonçant pas sans preuve son ancien général en chef ; des circonstances particulières, les indiscrétions de quelques officiers, et la crainte de paraître avoir partagé les opinions de Pichegru, déterminèrent Moreau à confier ce secret à l'un des directeurs, M. Barthelemy. Le 18 fructidor arriva : sa lettre fut rendue publique, et il se trouva obligé de faire ce qu'il avait toujours différé. S'il a dénoncé Pichegru, il est évident qu'il y a été forcé ; il n'a donc agi par aucun sentiment de haine ou d'inimitié personnelle ; il a pu ensuite plaindre naturellement le général Pichegru ; celui-ci a connu la position où il s'est trouvé ; il ne pouvait y avoir entr'eux que du réfroidissement : donc il n'a jamais été question d'une haine irréconciliable ; donc ils ont pu se revoir avec plaisir, sans conspirer, après que David et d'autres amis les ont eu rapprochés, et lorsque surtout Pichegru, qui avait besoin de Moreau et qui a fait les premières démarches, a su, à son retour de Cayenne, com-

ment les choses s'étaient passées : ainsi s'évanouit à mes yeux ce point important de l'accusation. Vous savez au reste que, pour se justifier, le général Moreau vous a observé qu'il n'y avait point de télégraphe direct de Paris à Strasbourg, à l'époque du 18 fructidor de l'an 5 ; et cependant, pour ôter à ce général le mérite de sa lettre du 17, ou suivant quelques personnes, du 19 fructidor de la même année, on avait prétendu qu'il avait su, par le télégraphe, les événemens du 18. Une reflexion se présente : « S'il les eût connus, il n'aurait certaine-
» ment pas écrit à M. Barthelemy, qui était alors
» arrété. »

Ainsi cette fameuse lettre, qui a fait retenir vingt mois au Temple l'abbé David, et qui est un des chefs de l'accusation dirigée contre lui, nous est produite, sans qu'on le veuille, pour la décharge du général Moreau ; car elle établit clairement : 1°. que ce général n'a pas partagé les projets de Pichegru en l'an 3 ; 2°. qu'il ne l'a dénoncé que parce qu'il y a été forcé ; 3°. qu'il n'a existé entre ces deux généraux que du réfroidissement et non de la haine ; 4°. enfin, qu'ils pouvaient se revoir sans blesser l'honneur, comme l'a prétendu l'un des préopinans (Granger), surtout lorsque Pichegru, qui aurait pu se plaindre de Moreau, avait été le premier à faire des démarches pour un rapproche-ment.

On dit ensuite : « Général Moreau, vous avez
» conspiré avec Pichegru, car vous avez eu des
» relations avec lui pendant son séjour à Londres,
» par l'intermédiaire de David et de Lajolais; vous
» avez envoyé auprès de lui en Angleterre ces
» deux individus, afin de vous entendre et de vous
» confier vos projets , etc. »

Les débats vous ont appris , Messieurs, les faits
que je vais retracer rapidement à votre mémoire :
je parlerai d'abord de l'abbé David.

Le départ de cet abbé pour Londres a été public,
puisqu'il avait pris un passe-port ; après son arrestation à Calais , on ne trouva rien sur lui qui pût
le compromettre, excepté la lettre du général
Moreau , dont je viens de vous entretenir ; et
vous êtes bien persuadés qu'elle ne le compromet-
tait en rien. Il n'a fait, *malgré sa longue déten-
tion*, aucune révélation qui puisse incriminer le
général Moreau. Les généraux Dejean, Donzelot,
Souham, le sénateur Barthelemy, l'abbé Sicard
et quelques autres amis tant de Pichegru que de
lui-même, savaient la cause de son départ pour
Londres ; le général Donzelot lui avait même prêté
dix Louis pour son voyage ; il avait confié à plusieurs personnes, et notamment à l'abbé Sicard,
qui en a déposé devant vous, qu'il avait réconcilié

Pichegru avec Moreau. Cette réconciliation a été connue des généraux Dejean, Souham, Magdonald, Donzelot et du sénateur Barthelemy. Quelques-uns de ces généraux ont même demandé dans le temps, au Premier Consul, la rentrée de Pichegru en France. David, lors de son arrestation à Calais, écrivit au Grand-Juge : « J'allais en Angleterre » chercher un ami qui m'a sauvé la vie et la liberté; » je m'étais conformé aux lois sur les passeports....; » Si vous voulez savoir le sujet de mon voyage, les » généraux Liéber, Donzelot, Magdonald, etc., » vous le diront; je n'allais en Angleterre, que » pour y chercher Pichegru, pour le déterminer » à quitter l'Angleterre, et pour tâcher de lui faire » obtenir sa rentrée en France. Si c'est un crime, » c'est l'amitié et la reconnaissance qui me l'ont » fait commettre ; et, quelle chose qui arrive, je » n'en aurai jamais de remords. »

Le général Moreau refusa d'écrire directement à Pichegru; il écrivit seulement à David la lettre que j'ai déjà citée, et l'on voit, à la fin de cette lettre, pour quel motif elle a été écrite : c'était pour dissuader Pichegru et ses amis de l'idée qu'ils avaient que Moreau s'opposait à sa rentrée en « France. Vous avez fait entendre à mon secrétaire, » dit Moreau dans cette lettre, que je m'étais opposé » à sa rentrée en France (de Pichegru); soyez

» certain que cela est d'autant plus faux, que si
» l'autorité me faisait dire que je suis le seul obsta-
» cle à sa rentrée, je me hâterais de le faire cesser. »

Moreau n'a donné aucun argent, aucune mission ou commission à David, lors du voyage de
ce dernier ; il s'est contenté de lui dire (et rien
dans la procédure n'établit le contraire) qu'il
desirait voir Pichegru rentré en France, puisqu'il était le seul des fructidorisés qui n'y fût pas,
d'autant plus que tous les chefs de l'armée de Condé
s'y montraient partout.

Lorsque Pichegru a chargé David de lui appor-
ter des nouvelles de l'ami : cet ami était le sénateur Barthelemy et non le général Moreau, comme
l'acte d'accusation voulait le faire croire.

Tous ces faits expliquent parfaitement, suivant
moi, la conduite de David, et il en résulte clairement : 1°. qu'il n'a eu des rapports avec Moreau,
au sujet de Pichegru, que pour les réunir, et faire
disparaître l'espèce de froideur qui existait entr'eux;
2°. qu'il n'a jamais été question de conspiration,
mais d'une rentrée paisible en France , comme
cela est arrivé pour tous les émigrés et les fructidorisés; 3°. que la réunion des deux généraux a été
faite, au vu et su , et même d'après les conseils

de plusieurs fonctionnaires publics respectables;
4°. que David avait confié le motif de son voyage
à plusieurs amis de Pichegru; 5°. qu'il n'en avait
même pas fait un mystère à d'autres personnes,
car la police l'avait su; 6°. que Moreau n'avait
donné aucune mission à David, pour Pichegru, et
ne l'avait pas chargé d'aller à Londres près de cet
ex-général; 7°. enfin, qu'ainsi s'évanouit encore ce
prétendu chef d'accusation, portant que la réunion
de Pichegru avec Moreau, par l'intermédiaire de
David, était pour conspirer, et que David avait été
envoyé de Paris à Londres, pour cet objet.

Si Moreau n'a pas conspiré avec Pichegru, par
l'entremise de David, il a encore bien moins conspiré par l'entremise de Lajolais; ici je dois vous
rappeler succinctement quelle a été pour nous tous
la conduite de Lajolais dans cette occasion. Lajolais,
criblé de dettes et ne pouvant parvenir à se faire
employer, obtint de Pichegru une lettre de recom-
mandation au général Moreau, quand il sut que
ces deux généraux avaient oublié le passé, et
abjuré toute mésintelligence; avec cette lettre, il
se présenta chez Moreau, qui l'accueillit assez
froidement, et qui, connaissant sans doute parfaitement son immoralité, ne voulut pas se charger
de solliciter pour lui les autorités supérieures, et le
renvoya pour obtenir une mise en activité à quel-

ques généraux, connus et amis de Pichegru. Quelque tems après, Lajolais vint dire à Moreau qu'il voulait aller trouver Pichegru à Londres; Moreau le chargea verbalement de choses honnêtes pour cet ex-général, témoigna le desir de lui voir quitter l'Angleterre, afin d'obtenir ensuite plus aisément sa rentrée en France; mais il ne donna aucun écrit. Lajolais demanda à Moreau douze louis qui lui furent refusés, et l'accusé Coucheri les lui prêta. Ces faits résultent des déclarations de Moreau, de Lajolais et de Coucheri; rien dans la procédure ne les dément : ils sont donc constans. C'était au commencement du printems, Lajolais partit pour l'Alsace, et de l'Alsace il se rendit avec Rochelle en Angleterre, en passant par le nord de l'Allemagne, car la guerre venait de recommencer; ils arrivèrent à Londres, au commencement de l'hiver dernier. (Qu'il me soit permis d'observer que ce sont ces deux hommes qui, partis de France, au moment où la guerre recommençait, ont trompé les princes et leurs partisans sur la véritable situation de la France, et ont déterminé, par leurs rapports mensongers, l'arrivée des royalistes au milieu de nous. (1) Votre sagacité peut entrevoir bien des

_____

(1) Dans les débats, je demandai tout haut au premier président d'interpeller Lajolais pour qu'il dise positivement si c'était le général Moreau qui l'avait envoyé en Angleterre, ou par ordre de qui il y était allé. Le premier président ne daigna pas répéter ma question.

choses dans cette démarche); je continue, et je me
dis : Comment est-il possible que Moreau ait choisi
pour son confident, dans une affaire aussi délicate
que dangereuse, un homme méprisé et méprisable,
en qui tous les militaires savent qu'il n'a jamais eu
la moindre confiance? comment, s'il en fait son
émissaire, lui refuse-t-il douze louis qu'il demande?
comment enfin cet émissaire, pressé de renouer
les fils de la conspiration, rompus par l'arrestation
de David, met-il sept à huit mois à se rendre de
Paris à Londres, près de Pichegru? En vérité il
serait ridicule de pousser plus loin les questions,
lorsque surtout il a été établi que Lajolais n'avait
été qu'une seule fois à Londres, et non pas deux
fois comme on l'a dit; la seule conséquence qu'il
soit permis de présenter, c'est que jamais Lajolais
n'a été et n'a pu être l'intermédiaire d'une conspiration tramée entre Moreau et Pichegru, et qu'il
n'a pas été à Londres par ordre de Moreau, d'autant plus qu'il n'en est jamais convenu dans les débats.

Vous voyez, Messieurs, que quelles que soient
les inductions qu'on ait voulu tirer dans l'acte d'accusation, des principaux faits que je viens de discuter, il ne reste, aux yeux de l'homme sage et
impartial, rien qui puisse attaquer la loyauté et
la conduite politique et civile du général Moreau.

*

Ici la scène change : ce ne sont plus des correspondances par des intermédiaires ; ce ne sont plus des projets prétendus formés par deux hommes à cent lieues l'un de l'autre ; ce sont des démarches directes qu'il s'agit d'apprécier ; mais n'oublions pas que si la scène a changé , si les démarches sont devenues plus directes, tout cela est arrivé sans l'impulsion et pour ainsi dire à l'insu du général Moreau. Les premiers faits que je viens de discuter, et qui servent d'introduction aux autres , me paraissent des calomnies, à l'aide desquelles on veut noircir et criminaliser les actes les plus innocens : c'est la teinte rembrunie dont on enveloppe les personnages, pour rendre le tableau bien noir. Les démarches ou plutôt les actes imputés à crime au général Moreau, sont trois entrevues avec Pichegru, et des propos tenus à Roland. Tout se rattache plus ou moins directement à ces quatre faits ; examinons-les donc successivement. Les trois entrevues sont celle sur le boulevard de la Madeleine, et les deux autres dans la maison de Moreau.

Celle du boulevard de la Madeleine.... Armand de Polignac l'a citée comme en ayant entendu parler ; Bouvet de Lozier dit y avoir été avec Georges et Pichegru , mais n'avoir pas vu Moreau ; Pichegru n'a rien dit, Georges a nié, Lajolais seul a déclaré qu'il croyait se rappeler avoir obtenu ce rendez-vous de Moreau, s'être trouvé sur le boulevard, à

l'heure indiquée, avoir vu et parlé à ce général, *à
ce qu'il croit;* car vous savez qu'il a fini par avouer
qu'il n'était pas sûr, avoir indiqué à Pichegru le
côté où avait passé Moreau, et ne pas savoir si les
deux généraux s'étaient rencontrés. A l'occasion
d'un autre rendez-vous auquel Moreau ne se rendit
pas, on a prétendu (c'est Coucheri qui l'a dit) que
Georges avait observé que Moreau ne serait pas
mécontent; car lui, Georges, n'y serait pas.

Il faut se rappeler qu'il n'y a ici absolument que
la déclaration de Lajolais; d'un autre côté Moreau
nie absolument cette entrevue; il convient cependant des deux postérieures, qui ont eu lieu chez
lui. Entre celui qui affirme et celui qui nie, la
croyance est due à l'accusé, surtout si cet accusé,
comme dans ce cas, mérite mieux que l'accusateur, sous tous les rapports de moralité, d'honneur
et de réputation, qu'on s'en rapporte à lui. Moreau
a dit seulement que Lajolais était venu plusieurs
fois lui proposer des rendez-vous pour Pichegru,
et qu'il les avait toujours refusés, parce qu'il ne voulait ni se compromettre, ni compromettre Pichegru;
Lajolais vous a même dit, à l'occasion de cette
entrevue, qu'elle avait été ajournée à six jours, à
cause d'une partie de chasse dont Moreau devait
être. En la supposant véritable, vous voyez, comme
le général Moreau l'a observé, qu'il n'y attachait
pas l'intérêt qu'elle aurait dû exciter dans l'âme

d'un conspirateur , puisqu'une simple partie de chasse l'a reculée d'une semaine , et aurait pu tout faire manquer.

Ici s'élève un soupçon qui ne laisse pas que d'avoir à mes yeux beaucoup d'apparence de vérité. Lajolais est allé avec Rochelle à Londres ; il a provoqué les royalistes à venir au milieu de nous ; il a promis, soit pour avoir de l'argent ou du crédit dans le parti royaliste , soit pour remplir peut-être la mission secrète qui lui avait été donnée à son départ de France , il a promis la réunion de Moreau au parti des Bourbons; il faut qu'il tienne sa parole. Moreau cependant refuse tous les rendez-vous ; comment faire ? Il en imagine un : le soir, avec toutes les précautions du mystère, on s'y rend ; il indique l'endroit par où le général Moreau est censé avoir passé : on l'y suit, on ne le trouve pas ; alors ce jongleur politique trouve son excuse toute prête : *La présence de Georges aura empêché Moreau de paraître*. Voilà ce qui explique le propos que j'ai rapporté plus haut , et qui est attribué à Georges. Le lendemain ou le sur-lendemain, Lajolais invente un nouveau rendez-vous aux Champs-Elisées, et Moreau ne s'y rend pas. L'accusateur public dit ici au général Moreau : *Vous aviez donc promis d'aller à ce rendez-vous , puisqu'on vous y attendait ;* et moi je crois que Moreau peut répondre avec plus de vérité : *si j'avais promis d'être à ce rendez-vous, j'y serais allé : si je ne l'ai pas fait, c'est que je n'avais pas promis.* Ainsi l'on voit un homme mal famé, trafiquer ici de la réputation d'un brave homme, sans que celui-ci s'en doute ; compromettre, avec ses jongleries et ses tours d'adresse, un général respectable, parce-qu'il s'était mis dans une situation forcée, en promettant plus qu'il ne pouvait tenir. Cependant il a cherché, dans les débats, à atténuer, par des explications et des rétractations, ce que sa conduite a eu d'odieux et de répréhensible en cette circonstance.

Mais, en supposant même l'existence de l'entrevue, qu'en conclure ? D'après ceux qui en ont rendu compte, il ne s'y est rien passé de répréhensible ; les deux généraux se seraient à peine parlé ; il n'y a été question d'aucun projet ; la présence de Georges a tout paralysé, et Moreau a été très-mécontent de le voir. On s'est séparé presqu'à la minute même de la réunion. Ainsi, ce grave chef d'accusation, sur lequel on a insisté, parce que Moreau niait, en le bien examinant, se réduit à rien ; car il n'a présenté aucune espèce de résultat, même dans le système de ceux qui accusent : il ne saurait donc présenter les premiers élémens d'une conspiration.

La première entrevue chez Moreau.... Lajolais, qui avait promis Moreau aux royalistes, cherchait à tenir sa parole ; pour cela , il fallait faire rencontrer ce général avec Pichegru ; mais comme il ne voulait accepter aucun rendez-vous, Lajolais fut forcé de conduire Pichegru chez lui. Il l'y conduisit donc un soir , sur les huit heures, accompagné de Coucheri ; l'entrevue dura, suivant Coucheri, une demi-heure ; suivant Lajolais, un quart d'heure ; et suivant Moreau , environ douze minutes. Les deux généraux, après s'être embrassés, passèrent dans la bibliothèque, qui est à la suite du salon , et les deux conducteurs ne les y suivirent pas. On ignore absolument ce qui s'est passé dans cette entrevue ; Pichegru n'en a rien dit, et Moreau déclare qu'il n'y fut question que des moyens à employer pour obtenir la rentrée de Pichegru en France, et qu'ils se rendirent mutuellement compte de ce qu'étaient devenus leurs anciens frères d'armes , et ce qui était arrivé à chacun d'eux, depuis leur séparation.

Quelle que soit la version qu'on suive pour la durée de l'entrevue, toujours est-il certain qu'elle n'a pas été longue, et que l'on ne conspire pas en vingt ou trente minutes, surtout lorsqu'il est prouvé que l'on ne s'est ni vu ni entendu auparavant. Cette entrevue a eu lieu à l'improviste, sans être demandée, et dans un moment peu opportun pour conspirer; car il a été constant aux débats que c'était un jour où le général Moreau avait coutume de recevoir chez lui ses amis et ses connaissances, et à huit heures du soir, c'est-à-dire à l'heure où les sociétés commencent. Pichegru, qui n'était pas en règle devant la police, et Moreau qui aurait été fâché qu'on l'eût reconnu chez lui, n'auraient certainement pas choisi ce moment pour un rendez-vous, s'ils avaient eu à choisir. Ils se sont embrassés en s'abordant, et se sont mutuellement demandés des nouvelles de leur santé : donc ils ne s'étaient pas vus auparavant sur le boulevard de la Madeleine; car s'ils s'y étaient vus, on sent bien qu'ils n'auraient pas fait dans cette seconde entrevue, comme des personnes qui s'abordent après une longue absence. D'ailleurs, ni dans l'acte d'accusation, ni dans les débats, je n'ai vu présenter aucun résultat de cette entrevue. Toutes ces circonstances réunies, tous ces détails constatés par les débats, montrent évidemment que le général Moreau a vu par hasard, peut-être politiquement ou même avec quelqu'intérêt, l'ex-général Pichegru; mais qu'ils étaient loin de conspirer ensemble, d'autant plus qu'il a été établi par les déclarations de Lajolais et de Coucheri, que Moreau lui-même avait engagé Pichegru à ne plus revenir, pour ne pas s'exposer tous deux à des désagrémens. Rien n'établit que Pichegru ait même fait connaître des projets quelconques à Moreau, dans cette entrevue; tout prouve au contraire qu'ils se sont vus momentanément, comme deux anciens frères d'armes, sans aucune espèce de mauvaise intention; et si l'on faisait un crime au général Moreau d'avoir reçu, sans le vouloir, Pichegru chez lui, pourquoi n'en a-t-on pas fait un aussi au ministre Barbé-Marbois, au sénateur Barthelemy et à d'autres, qui l'ont vu et reçu? Pourquoi ne fait-on pas un crime à tous les parens et amis des émigrés et des fructidorisés, qui les ont reçus et cachés chez eux, pendant qu'ils n'étaient pas encore en règle? S'il pouvait y avoir deux poids et deux mesures, ils devraient être en faveur de celui qui a mérité davantage de son pays; sans cela, il faudrait dire: *qu'il est dangereux d'avoir quelque réputation dans sa patrie.* Au surplus c'est par ce qui a suivi l'entrevue, qu'il faut en expliquer l'esprit. Eh bien! les défenseurs de Moreau vous ont observé que, dans le systême même de l'acte d'accusation, ce n'est que dans la dernière entrevue qu'il a dû être fait *des ouvertures* au général Moreau; ainsi la première, chez lui, ne peut être considérée comme l'un des premiers élémens du crime. Je veux bien croire que Pichegru avait des intentions contraires au Gouvernement; mais Moreau ne les connaissait pas, et nous verrons que dès qu'il a été à portée de s'en douter, il les a rejetées bien loin, et n'a voulu entendre rien de ce qui lui paraissait, aumoins pour le moment, chimérique et ridicule ; c'est ainsi qu'il s'en est expliqué : mais n'anticipons rien sur les développemens des faits.

La deuxième et dernière entrevue chez Moreau... Voici ce que les débats ont présenté comme constant : A la suite de la première entrevue de Pichegru avec Moreau (entrevue qui eut lieu à l'improviste , on se souvient que Moreau engagea son ancien frère d'armes à ne plus revenir chez lui ; par suite de cette invitation, il consigna Lajolais à sa porte : ce qui n'annonce pas qu'il ait eu l'intention de continuer à voir deux hommes, dont l'un n'était pas en règle aux yeux du Gouvernement, et dont l'autre ne méritait ni estime ni confiance. Ce fut cette mesure, à ce qu'il paraît, qui mit en évidence le nommé Roland ; ce Roland fut chargé d'aller quelques jours après trouver Moreau, afin d'obtenir une nouvelle entrevue pour Pichegru ; Moreau envoya son secrétaire Fresnières auprès de cet ex-général ; Fresnières et Pichegru revinrent chez Moreau, dans le cabriolet de Roland. L'entrevue eut lieu et dura, à ce qu'il paraît, une demi-heure ou trois quarts d'heure ; et depuis cette époque, ni Lajolais ni Pichegru n'ont revu le général Moreau.

D'abord on accuse Moreau d'avoir envoyé son

secrétaire chercher Pichegru, et moi je crois que cela est faux, et que l'on doit s'en rapporter à cet égard à la déclaration du général Moreau lui-même, qui a dit : qu'il avait envoyé son secrétaire auprès de Pichegru, afin de savoir ce qu'il lui voulait, et s'éviter le désagrément d'une nouvelle entrevue. En effet, pourquoi envoyer son secrétaire chercher Pichegru, lorsqu'en disant à Roland de l'amener ou de l'engager à venir, il parvenait au même but? La démarche du secrétaire était donc inutile, si on ne lui donne pas le sens naturel que lui donne Moreau; elle devenait même dangereuse dans le cas de la connivence, et l'on ne fait pas, sans but et sans nécessité, de pareilles démarches.

Moreau, forcé ainsi par ses anciennes liaisons à recevoir Pichegru, eut avec lui une conférence dont personne n'a été témoin ; mais c'est par ses suites et par les développemens qu'elle a pu donner à la conspiration, qu'il faut l'apprécier et la juger. Pichegru n'a rien déclaré de ce qui s'y était passé; Moreau a dit que Pichegru lui avait fait, non *des ouvertures*, comme on l'a avancé, mais des questions sur la situation politique intérieure de la France; sur l'espoir que pouvaient conserver les Bourbons pour remonter sur le trône, et sur les événemens possibles qui résulteraient de la guerre contre l'Angleterre, et d'une descente à effectuer. Moreau ajoute

qu'il a traité de folies, quant à présent, les prétentions des Bourbons, et que par ses réponses il a dû
persuader Pichegru qu'il ne pensait pas comme
lui sur les affaires intérieures de la France.

Si l'on s'en rapporte au général Moreau, et tout
concourt suivant moi à accréditer ses réponses, il
n'y a rien eu de répréhensible dans la conférence
dont il s'agit; si l'on se rapporte à ce propos prêté
à Pichegru immédiatement après l'entrevue : « *Il
paraît que ce b. là a aussi de l'ambition ;* » si l'on
fait attention au bruit qui se répandit parmi les
royalistes : *que Moreau refusait de servir les Bourbons, et qu'on les avait trompés sur son compte;*
si même on fixe la déclaration de Roland, on sera
convaincu que, si Pichegru a fait, comme on le
prétend, des ouvertures ou des propositions au général Moreau, celui-ci les a rejetées aussitôt, et a
refusé nettement de s'y prêter en rien. Une ré-
flexion m'est suggérée par tous les faits que je viens
d'examiner. Si Moreau avait eu l'intention de conspirer, aurait-il été chercher des hommes bannis et
sans consistance en France, pour s'associer à leurs
destinées? Il a regardé tout cela comme des folies
dans le moment, et par conséquent il n'y a attaché
aucune importance. S'il eût voulu conspirer, il le
pouvait avec avantage, lorsqu'il était à la tête d'une
armée victorieuse ; s'il eût eu l'ambition de parve-

nir à la tête du Gouvernement, il le pouvait avant
le dix-huit brumaire, quand Sieys lui proposa de
s'associer à lui pour cet effet ; s'il eût voulu conspirer, il se serait rapproché du chef de l'Etat et des
armées, et n'aurait pas vécu retiré, en simple particulier, dans une campagne où il ne voyait que
quelques amis.

Fixerai-je un moment cette prétendue ouverture
faite par Joyault, à ce général, par l'entremise du
secrétaire Fresnières? On ne doit attacher aucune
espèce d'importance à une simple question faite par
un individu ignoré sur des projets en l'air ; Moreau
l'a pensé ainsi, et n'y a plus songé depuis, car il n'y
a donné aucune espèce de suite. Dira-t-on qu'il
devait dénoncer ? En vérité, s'il en était ainsi, la
moitié de la France serait sans cesse occupée à aller
dénoncer des propos inconsidérés ou ridicules, que
l'autre moitié serait obligée de justifier.

Je vais plus loin, et j'examine si Pichegru a pu
faire des propositions à Moreau, pour entrer dans
la prétendue conspiration. Le sens commun et la
raison nous disent qu'un homme, pour peu qu'il ait
l'habitude des affaires, et la connaissance de ses
semblables, ne fait pas des propositions aussi déli-
cates que celles dont il s'agit, sans s'y prendre avec
quelqu'adresse, et sans faire des questions préli-

minaires, afin de pressentir les opinions, les craintes
ou les espérances de celui que l'on veut gagner.
Tout porte donc à croire que Pichegru, connu
pour être dissimulé et impénétrable dans ses desseins, a dû agir de cette manière. Eh bien! Moreau
vous l'a dit, il l'a dit à Roland, il l'a dit à qui a
voulu l'entendre, et sans se faire presser; rien n'est
mieux établi dans la procédure qu'il ne se mêlerait
pas du rétablissement des Bourbons sur le trône, et
qu'il regardait, dans le moment, une pareille en-
treprise comme une haute folie; tout prouve qu'il
a tenu le même langage à Pichegru; lui - même
l'annonce. Comment croire, après cela, que Pichegru, persuadé de l'inutilité de ses efforts, ait
cependant déroulé à Moreau tous les détails de ses
projets, et les espérances des Bourbons? Dès les
premières réponses à ses questions, il a dû cesser
toute instance, et taire soigneusement des intentions et des projets qui ne pouvaient pas être par-
tagés. Ainsi, selon moi, non seulement Moreau
n'a pas trempé dans la prétendue conspiration, par
suite de l'entrevue dont il s'agit, mais encore il n'a
pas connu les projets de Pichegru et des autres
royalistes; quand il les aurait connus, il ne les a
pas adoptés et n'y a participé en rien. Cette seconde entrevue n'est donc pas plus que la première,
un motif de culpabilité.

J'arrive à la déclaration de Roland, et d'abord qu'il me soit permis de faire connaître cet individu. Employé dans l'armée du Rhin, comme directeur ou inspecteur-général des charrois, il s'y était procuré quelques centaines de mille francs, qu'il a dépensés ensuite à Paris, dans l'intention de se faire nommer ministre; on s'est moqué de lui, mais au moins il a affiché assez gratuitement ses intrigues, et une ambition ridicule; il a enlevé à un imprimeur de Kehl près Strasbourg, avec lequel il s'était lié d'intérêt, pour environ 60,000 francs de caractères d'imprimerie; les tribunaux du pays ont retenti dans le tems de ce vol, ou si vous l'aimez mieux, de cette infidélité.

Connu de cette manière par Moreau, et même par Pichegru, il pouvait difficilement avoir toute leur confiance; comment donc un pareil homme a-t-il pu obtenir de Pichegru la confidence entière de la conspiration et des projets des royalistes? Comment Pichegru, renommé pour être impénétrable dans ses pensées, a-t-il pu, sans nécessité et même sans motifs, révéler ses projets à Roland? à Roland, qu'il connaissait si bien, et chez lequel il ne logeait que par circonstances! Comment Pichegru a-t-il pu charger ensuite Roland d'aller faire des ouvertures ou des propositions à Moreau, le lendemain de leur dernière entrevue, lorsqu'il avait la facilité d'y aller lui même, et de conserver ainsi son secret tout entier ? comment enfin Pichegru aurait-il compté sur la rhétorique et sur les insinuations de Roland, quand lui-même avait échoué la veille ? Certes, comme l'a fort bien observé Moreau, des propositions quelconques auraient eu bien plus de poids dans la bouche de Pichegru, que dans celle de Roland. Tout est conjectures et soupçons dans cette affaire, je n'y vois que cela ; si donc il en est ainsi, comment résistera-t-on à l'évidence des conjectures naturelles et raisonnables que je viens de présenter ? Ainsi la raison et l'évidence même nous disent qu'il est faux que Roland ait été envoyé par Pichegru à Moreau, pour lui faire des propositions, et je n'en doute pas, si Pichegru existait, il aurait démenti Roland de la manière la plus formelle.

Une autre raison de la fausseté des déclarations de Roland, c'est la manière dont la question qui les a précédées lui a été faite par le conseiller-d'état R***. Il est constant que toute sa réponse est contenue dans la question même, et qu'ainsi on lui a tracé, du moins en apparence, le rôle qu'il avait à jouer ; on lui a dit : *Choisissez d'être ou le confident ou le complice de la conspiration ?* Il n'a pas hésité, il a vu un moyen, et peut être un moyen très-lucratif, mais peu honorable de se tirer d'un mauvais pas ; il l'a saisi, car il s'est apperçu qu'on le lui présentait à dessein : ce qui l'annonce, c'est qu'on lui a dit que l'on savait tout ce qu'il a ensuite révélé... Ici se présente le dilemme fait par Moreau sur cette déclaration : Ou bien, a dit Moreau à la police, vous saviez par des témoins et par d'autres voies ce que vous avez détaillé dans votre question, ou vous ne le saviez pas ? Dans le premier cas, produisez-moi les témoins, montrez-moi les indices et les circonstances qui vous ont rendue si instruite... Vous vous taisez. Dans le dernier cas, vous avez induit évidemment un prévenu en erreur, vous l'avez séduit par des espérances ou par des craintes réelles ; vous l'avez suborné, et dès-lors sa déclaration non seulement n'a plus de force, mais encore porte tous les caractères de la fausseté.

Il est cependant vrai que Roland est allé voir Moreau, le lendemain de la dernière entrevue ; il est vrai qu'ils ont eu ensemble une causerie politique (1) : mais *Roland n'a pas été envoyé par Pichegru ;* mais la causerie n'a pas eu lieu de la manière dont l'a déclaré Roland. Moreau pouvait se taire et nier ; mais, sans crainte et sans reproche, il a préféré expliquer et détailler la conversation qu'il a eue avec Roland. Dans les explications qu'il

(1) Expression de Moreau.

a données, il a fait disparaître tout le venin, toute la méchanceté qu'on pouvait y remarquer d'abord ; car pour de la criminalité, il n'y en a point, comme je l'expliquerai tout à l'heure. Moreau vous a dit : *Roland est bien venu me voir ; nous avons eu ensemble une conversation particulière, il ne s'est pas annoncé comme envoyé de Pichegru.* (Les débats ont établi que Roland s'était annoncé à Moreau, comme venant faire, selon sa coutume, une visite à son ancien général en chef.) ; *il m'a parlé des prétentions et des espérances des roya- listes et de Pichegru : je lui ai répondu en effet que je ne me mêlerais en aucune manière de la cause des Bourbons, et que, dans la position actuelle des choses, je regardais tout cela comme ridicule et voisin de la folie. Roland m'a parlé ensuite de mes prétentions personnelles, je lui ai répondu que je n'en avais aucune ; qu'il fau- drait, pour que j'en eusse, que les consuls et tout ce qui tient à eux, disparussent.* (Ce mot *dispa- russent* a été expliqué, et il est résulté des aveux de Roland même, que Moreau n'avait entendu autre chose, sinon qu'il faudrait que les chefs de l'Etat cessassent d'une manière quelconque d'être à la tête des affaires.) *Alors je pourrais espérer peut- être que le Sénat, qui est l'autorité à laquelle il faut se rattacher, me donnerait quelqu'autorité dans le gouvernement ; mais je traitai tout cela de chimère, et j'en parlai sans y attacher la moindre conséquence.* Une telle explication, surtout dans la bouche de Moreau, me paraît vraie, naturelle et concordante avec les faits de la cause, et avec son caractère bien connu. Je n'ai pas besoin de vous observer qu'une conversation particulière de cette espèce n'a rien de criminel, je ne dis pas seulement aux yeux de la loi, mais même à ceux de la morale : vous le sentez suffisamment. Où en serions-nous en effet si des conversations familières et amicales, dans le secret de nos maisons, pouvaient être transformées en crimes ?

Maintenant je suppose, pour un moment, que les réponses de Moreau à Roland aient toute l'acrimonie que ce dernier y a mise d'abord, et qu'elles soient telles que l'annonce l'acte d'accusation ; je vais les examiner sous ce point de vue.

La première phrase ne présente évidemment rien de répréhensible ; elle est même toute à la décharge de Moreau ; car il s'agit, dans l'affaire qui nous occupe, d'une conspiration tendant à remettre les Bourbons sur le trône, et Moreau déclare dans cette phrase qu'il veut ne se mêler en rien des prétentions des Bourbons ; ainsi je ne m'en occuperai pas plus long-temps. Le reste de la déclaration de Roland présente, au premier coup-d'œil, quelque gravité ; ce seraient des propos criminels, des souhaits coupables, mais ils ne seraient pas un crime que les lois pussent atteindre. Une mauvaise intention, la pensée même d'un crime futur et possible ; tout cela n'est pas du domaine des tribunaux : la manifestation même de cette mauvaise intention, de cette pensée du crime, ne peut être punissable, tant qu'elle est faite dans le secret de la confiance et de l'amitié, sans aucune espèce d'importance, et tant qu'elle reste sans un commencement d'exécution : les anciens tyrans de Rome l'ont quelque fois punie, mais leur nom a été flétri par l'histoire, et la postérité équitable a ratifié ce jugement ; d'ailleurs tout est hypothétique et conditionnel dans ces prétendus propos de Moreau. Ce qui prouve qu'il n'y attachait ni importance ni suite, c'est qu'il ajouta, suivant Roland même : « *Qu'en vérité il regardait comme une chimère les intentions de Pichegru et des royalistes, et qu'il ne pensait pas qu'ils pussent réussir dans leurs projets, s'ils en avaient.* » Ainsi ces propos ont été fugitifs et sans suite; en les supposant vrais, ce sont les rêveries d'un homme qui dit : *Si l'on voulait faire telle chose, il faudrait s'y prendre de telle manière.* Certes un pareil homme, tant qu'il s'en tient là, ne peut pas être considéré comme ayant fait ou comme ayant tenté de faire ce qu'il a hypothétiquement indiqué. La forme hypothétique et conditionnelle, sous laquelle se présentent les propos attribués à Moreau, leur ôte donc toute espèce de criminalité; et il y a autant dé différence entre ces propos sans suites, et des projets formés et arrêtés d'une conspiration, qu'il y en a entre l'idéal et le réel, entre la pensée et l'action.

On a cependant induit de ces propos, que le général Moreau avait voulu fonder une nouvelle conspiration en sa faveur sur celle des royalistes, sur celle enfin que nous sommes appelés à juger. Outre l'invraisemblance d'une pareille idée, qui d'ailleurs n'est nullement justifiée, il est à observer, comme je l'ai déjà dit, qu'aucune espèce de suite n'y a été donnée, et que tout, dans la procédure et les débats, justifie cette assertion. A cet égard, Moreau vous a dit : « On sait que je n'ai jamais eu
» d'ambition, mais quand j'en aurais eu, comment
» supposer que j'aie voulu déterminer subitement
» des hommes attachés aux Bourbons, des hommes
» qui ont tout sacrifié depuis dix ans pour eux,
» à se dévouer tout-à-coup pour moi, à abandon-
» ner leur idole favorite, et à me porter à la tête
» de l'Etat; en vérité, ce serait un acte de la plus
» haute folie, et je ne crois pas avoir donné, de-
» puis dix ans, à mes concitoyens, des preuves
» de folie. » En effet, celui qui aurait eu sérieusement une pareille idée, ne mériterait pas d'être
jugé : il faudrait l'envoyer aux petites maisons.

Moreau vous a dit encore pour sa défense :
« On prétend que j'ai voulu faire une nouvelle
» conspiration *impromptu*, antée sur celle des
» royalistes: mais où sont mes nouveaux complices?
» où sont les sénateurs? où sont les généraux? où
» sont les fonctionnaires et les citoyens que j'ai
» gagnés, et qui se sont dévoués à ma cause? Je jette
» mes regards autour de moi, sur mes co-accusés,
» et je ne vois que des partisans des Bourbons. »
Ainsi, cette déclaration de Roland, qui a d'abord
paru si forte contre le général Moreau, soit qu'on la
suppose véritable, soit qu'elle soit fausse, comme je
l'ai établi, ne saurait incriminer en rien ce général,
et ne saurait le faire envisager, suivant moi, comme
le complice d'une conspiration royaliste, et encore
moins comme l'auteur d'une nouvelle conspiration
en sa faveur.

Quel rôle enfin Roland a-t-il joué dans cette
affaire ? Je ne veux pas me permettre de le qua-
lifier ; tout ce que je puis dire, c'est que cet homme
ne mérite aucune espèce de croyance ; et Moreau
le connaissait bien. J'ai appris, et quoiqu'on
dise le contraire, des renseignemens certains,
donnés par les prisonniers même de l'Abbaye, éta-
blissent (le rapporteur doit savoir que j'ai été
en mesure de m'en procurer d'exacts), j'ai appris,
dis-je, qu'il a joui dans cette prison de la
plus grande liberté ; qu'il sortait seul avec le

concierge ; qu'il recevait ses amis et ses connaissances ; qu'il passait pour un espion parmi les dé-
tenus, qui cependant ignoraient le contenu de ses
déclarations ; qu'il se vantait même d'être l'ami (ce
que je ne crois pas) du conseiller d'État R***. ,
et même du rapporteur. (Ici M. Thuriot a fait
beaucoup de bruit et s'est beaucoup récrié ; il y a
eu une altercation assez vive entre l'opinant et lui.)
Quoiqu'il en soit, Messieurs, de ces faits particuliers, toujours est-il vrai que Roland ne mérite pas
grande croyance : il paraît aussi qu'on lui tenait
compte de la complaisance de ses aveux , et à cet
égard, le général Moreau a fait ressortir forte-
ment devant vous la différence qui a existé entre
la manière dont il a été traité , et celle dont Roland
l'a été pendant toute l'instruction.

Après avoir examiné successivement tous les
faits principaux à la charge du général Moreau ,
je pourrais vous dire, sans aller plus loin, que
je le regarde comme innocent ; je pourrais me
dispenser d'examiner quelques accessoires de l'accusation ; cependant , pour vous prouver que j'ai
tout pesé , je vais m'expliquer encore sur des reproches que l'on fait à ce général, reproches qui,
quand ils seraient fondés , n'établiraient pas à mes
yeux qu'il ait trempé dans aucune espèce de conspiration.

On lui dit : « Vous avez connu ou soupçonné la
» conspiration, et vous ne l'avez pas dénoncée. »
Je ne dirai pas ensuite comme le Procureur-Général : « Donc vous êtes un conspirateur. » Un pareil
raisonnement est trop absurde pour être relevé
sérieusement, et nous devons croire qu'il a échappé
par inadvertence à l'attention et à la sagacité de
ce magistrat.

J'observe d'abord que Moreau ne paraît pas
avoir connu la conspiration, et je rapelle ce que
j'ai dit à cet égard, quand j'ai établi l'invraisemblance de la confidence des projets de Pichegru
à ce général. Comment croire en effet que Pichegru, après avoir pressenti Moreau, et remar-
qué qu'il ne partageait ni ses sentimens ni ses
opinions politiques, lui ait confié néanmoins
tous ses projets et ses desseins ? D'un autre côté,
que voulez-vous que Moreau ait dénoncé, lorsqu'il ne savait rien ? Il voit Pichegru qui en apparence cherche à rentrer en France ; il sait bien
que cet ex-général est royaliste, mais il voit autour
du Premier Consul, et dans les fonctions publi-
ques les plus éminentes, des royalistes et même
des hommes qui ont porté les armes contre la
patrie ; il sait qu'on ne dit rien à ces hommes,
et qu'on a passé l'éponge de l'indulgence sur leur
conduite passée ; il ne peut et ne doit donc pas

voir un conspirateur dans celui qui a tant de semblables et pour la position et pour les opinions.
Comment d'ailleurs eût été reçue sa dénonciation?
Le Gouvernement l'aurait mal accueillie, d'autant
plus qu'aucune preuve ne pouvait être adminis-
trée; et si le Gouvernement l'eût accueillie, Moreau
devait craindre que tout l'odieux ne retombât
sur lui. Les émigrés et les fructidorisés étaient bien
vus et bien reçus à Paris; il n'y a donc pas de
doute que Moreau n'eût fait un acte odieux, en
dénonçant son ancien frère d'armes, en le dénonçant surtout sans motif, sans raison et sans preuves. Cela est si vrai qu'on lui avait fait un crime,
en l'an 5, d'avoir dénoncé ce même Pichegru,
lorsqu'il avait contre lui des preuves entre les mains,
et qu'il avait été forcé à cette démarche par les circonstances. D'ailleurs, la dénonciation est odieuse
par elle-même; et comment peut-on vouloir trans-
former un brave et respectable général d'armée
en dénonciateur? Mais en supposant même que
Moreau eût connu tout ou partie de la conspiration, et n'eût rien dénoncé; une pareille réticence
n'est pas un crime de complicité; elle n'est pas
même un délit, car le Code pénal, que nous sui-
vons, ne l'a pas classée parmi les crimes ou les
délits; et le nouveau projet de Code criminel,
qui n'est pas encore loi, range cette réticence,
qu'il appelle *incivique*, dans la classe des délits

correctionnels. Parlerai - je du reproche qu'on a fait à Moreau de s'être éloigné du Gouvernement, de s'être ainsi montré, en apparence, un chef d'opposition, et d'avoir appelé autour de lui les conspirateurs?

Ces faits, Messieurs, appartiennent à l'histoire et non à la justice ; l'histoire dira que le Premier Consul a pu être mécontent du général Moreau, notamment parce qu'il sut que ce général lui laisserait le commandement de l'armée du Rhin, dans le cas où il se rendrait à cette armée, à l'ouverture de la campagne de l'an 8 ; l'histoire dira que des généraux qui ne s'étaient pas comportés comme ils le devaient, dans cette campagne sur le Rhin, furent renvoyés par Moreau, et vinrent à Paris faire leur cour au chef de l'Etat, aux dépens du général en chef et de la vérité ; l'histoire dira que le Gouvernement a rejetté Moreau, lorsqu'il lui était si facile de ne pas le mécontenter (1) ; l'histoire recherchera les autres

(1) Je tiens de la propre bouche de Moreau, qu'à son retour à Paris, à la suite de la campagne de l'an 8, il se présenta chez le Consul qui ne lui dit rien ; le surlendemain eut lieu la grande fête de la paix ; tous les généraux furent invités chez le premier Consul, Moreau seul fut oublié ; *Je vis alors*, dit Moreau, *qu'on ne voulait pas de moi, et je me suis retiré.*

causes de cet événement, et présentera peut-être les motifs particuliers de la conduite du Gouvernement en cette occasion ; il ne m'appartient pas de soulever le voile et d'aller plus loin..... Quoiqu'il en soit, rien n'est plus aisé à un Gouvernement de faire oublier à un citoyen quelques légers sujets de mécontentement ; et quand il ne le fait pas, tranchons le mot, c'est qu'il ne le veut pas. Moreau ne s'était éloigné que parce qu'on l'y avait forcé. Il ne demandait pas mieux que de revenir et même de faire les premières démarches pour cela ; il paraît qu'on n'a pas voulu, et que ses ennemis, car les grands hommes en ont, tramaient sa perte ; si donc Moreau s'est éloigné, c'est la faute du Gouvernement : j'en ai l'intime conviction, d'après les divers renseignemens que j'ai recueillis à ce sujet. C'est donc le Gouvernement qui doit s'accuser d'avoir fait de ce général un chef d'opposition , et de l'avoir en quelque sorte présenté aux espérances et aux projets des conspirateurs.

On reproche aussi au général Moreau d'avoir tû la présence de Pichegru à Paris, quoiqu'il la connût...... Il y avait déjà quelques jours qu'il n'avait vu Pichegru, lorsqu'il fut arrêté ; il ignorait où il était logé ; il ne savait même pas s'il était encore à Paris ; d'ailleurs, des voix plus fortes, s'il est permis de parler ainsi, que celle des lois , la voix de l'honneur et celle de l'amitié, lui criaient qu'il ne devait pas compromettre un ancien ami, un frère d'armes, son ancien général en chef ; que la police pouvait faire son devoir , en le recherchant ; mais que son devoir à lui était de ne pas nuire à Pichegru. Si je descends dans ma conscience, j'y trouve ces principes gravés par l'équité, et je suis persuadé qu'ils sont aussi dans vos cœurs.

Que le Grand-Juge ait promis ou n'ait pas promis au général Moreau de lui communiquer les charges dirigées contre lui, afin qu'il pût y répondre, Moreau affirme le fait, le Grand-Juge le nie ; je pense que nous devons écarter ce léger incident qui est fort indifférent à la question de culpabilité : il importe peu en effet qu'un prévenu ne s'explique pas d'abord , et s'explique ensuite sur des circonstances très-éloignées de cette question.

J'ai vu dans des pamphlets distribués hier, que l'on assimilait Moreau à un général d'armée, coupable de trahison, par suite de ses relations avec les ennemis de l'état, et auquel on pouvait appliquer le Code Pénal militaire. Le pamphlétaire est bien ignorant ou bien mal intentionné. Comment en effet assimiler à un général en activité de service dans une armée qui combat une armée ennemie, le général retiré dans ses foyers, sans aucune espèce de commandement effectif, n'ayant ni troupes sous ses ordres, ni armée ennemie à combattre, et jouissant seulement au centre de sa patrie, d'un traitement de retraite comme ancien général en chef : ce traitement est à la vérité considérable; mais il n'est pas un Français qui, j'en suis persuadé, ne le trouve encore au-dessous de ce que la patrie reconnaissante doit au général Moreau pour les services signalés qu'il lui a rendus.

Quelles que soient, Messieurs, pour nous les intentions vraies ou apparentes du Gouvernement dans cette affaire, nous devons lui témoigner notre attachement, en lui sauvant l'odieux de la condamnation du général; défendons-le contre lui-même: nore zèle doit être éclairé comme nos consciences sont pures. Le général Moreau, fût-il coupable, comme il est innocent, paraîtrait condamné injustement : la justice aurait l'air de la vengeance: nous nous flétririons nous-mêmes, dès que notre jugement ne pourrait le flétrir; hâtons-nous, en proclamant son innocence, de répondre aux vœux de la nation entière. L'Europe nous voit, la postérité nous attend : nous serons jugés à notre tour; le remords suivrait de près une condamnation arrachée à un faux zèle pour les intérêts de quelques individus en place; l'exécration publique nous punirait, n'en doutez pas, de nous être laissés influencer par le pouvoir, et d'avoir désobéi au cri de l'honneur et de l'innocence outragée. Je vote pour l'absolution.

Procès-verbal, ou Récit de ce qui s'est passé d'extraordinaire à la Chambre du Conseil de la Cour de Justice criminelle, avant et après cette opinion sur le général Moreau.

Le 21 prairial de l'an 12, à midi, la délibération de la Cour, en suivant l'ordre des accusés, tomba sur le général Moreau.

M. Thuriot, comme juge instructeur et rapporteur, prit la parole le premier; il développa longuement les faits à la charge de ce général, et finit par conclure qu'il y avait culpabilité, et qu'il était d'avis de la condamnation à la peine capitale, suivant l'article 612 du Code des délits et des peines; bien persuadé, ajouta-t-il, que le condamné ne mourrait pas, et qu'il aurait sa grâce.

M. Dameuve énonça ensuite une opinion contraire; il développa une grande partie des moyens qui établissaient cette opinion, et finit par dire : « Je n'ai pas pu me recueillir suffisamment » pour débattre devant vous tous les faits à charge

» et ceux à décharge ; mais, votant comme juré, en
» mon ame et conscience, je crois le général Mo-
» reau non coupable, et mon avis est de l'acquit-
» ter. »

M. Clavier, après avoir développé dans un discours écrit, les motifs de son opinion, déclara qu'il
était du même avis que M. Dameuve.

M. Granger, toussant et parlant avec infiniment
de lenteur, s'appuya sur une très-grande partie des
motifs et des faits reconnus faux ou inexacts dans
les débats (faits et motifs abandonnés même par le
procureur-général et par le rapporteur), pour déclarer le général Moreau coupable, et passible de
la peine capitale.

M. Selves, au tour duquel c'était à parler, se
leva, sortit quelques instans, et rentra pour donner
une opinion verbale, conforme, pour la conclusion,
à celle de MM. Granger et Thuriot.

M. Laguilleaumie déclara, après avoir développé
les motifs de son opinion, qu'il ne regardait pas le
général Moreau comme coupable, et vota comme
MM. Clavier et Dameuve.

M. Lecourbe, après avoir développé son opinion,
comme on l'a vu ci-devant, déclara qu'il était d'avis
d'acquitter le général Moreau.

M. Bourguignon vota comme MM. Thuriot,
Granger et Selves ; il chercha surtout à répondre
aux raisons données par les partisans de l'opinion

contraire ; ses raisonnemens partaient de sa tête et non de son cœur.

M. Rigault vota comme MM. Lecourbe, Laguilleaumie, Clavier et Dameuve, après avoir très-bien développé son opinion.

M. Desmaisons dit : « En mon ame et conscience » je crois le général Moreau non coupable, et mon » avis est de l'acquitter. »

M. Martineau, président, vota comme MM. Desmaisons, Rigault, Lecourbe, Laguilleaumie, Clavier et Dameuve, pour acquitter le général Moreau.

Enfin M. Hémart, premier président, vota la culpabilité, comme MM. Bourguignon, Selves, Granger et Thuriot ; il présenta ensuite des considérations politiques et d'ordre public, afin de ramener s'il était possible, à son avis, la majorité qui s'était prononcée pour la non-culpabilité.

Plusieurs juges demandent ensuite la parole ; M. Lecourbe observe qu'il y avait sept voix contre cinq, qu'ainsi le général Moreau était acquitté ; que c'était une affaire consommée, et qu'il fallait mettre en délibération la culpabilité de l'accusé suivant dans l'ordre fixé par l'acte d'accusation : là-dessus grands débats. Le président Hémart menace de rompre la délibération ; il refuse de clôre la discussion ; il veut que l'on entende ses observations et celles des membres qui pensent comme lui ; il interdit la parole à M. Lecourbe ; celui-ci somme le greffier Fremyn de rédiger le jugement, et le déclare responsable de son refus d'exécuter la loi ; nouveaux débats, nouveaux cris. Hémart menace de nouveau de rompre la délibération et de se retirer ; il interdit de nouveau la parole à Lecourbe, à Rigaud et aux partisans de la majorité. Bourguignon et ceux de la minorité insistent pour avoir la parole, et faire des observations ; Bourguignon pose en principe que la minorité a le droit de faire entendre ses raisons à la majorité. « Oui, lui répond » Lecourbe, lorsque les juges ou les jurés sont for-» cés d'être unanimes, lorsque les avis n'ont pas » été développés pendant six heures, et surtout » lorsque la majorité est de l'avis de la condam-» nation : ce qui ne se rencontre pas ici. » Malgré cela, le premier président maintient la parole au rapporteur ; les juges en majorité pour acquitter, se calment, dans la crainte de quelqu'événement fâcheux, et consentent à entendre Thuriot. Celui-ci cherche à rembrunir le tableau ; Hémart appuie ses raisonnemens ; ils prennent alternativement la parole, ils n'osent pas dire tout à fait : *Nous voulons que vous le condamniez, vous êtes dans une position qui force la condamnation ;* mais ils le laissent clairement entendre. Persuadés qu'ils sont les organes et les confidens du gouvernement, ils cherchent à faire passer dans l'âme de leurs col-

légues, les craintes et les espérances qui les assié-
gent; ils menacent, ils annoncent que l'on va exciter une guerre civile en France, que l'acquit du
général Moreau est le renversement du gouvernement établi; qu'on donne tort gratuitement à ce
gouvernement, pour le rendre odieux, et faire
croire que l'arrestation et la mise en jugement de
Moreau n'étaient que le résultat de la vengeance et
d'une politique machiavélique, comme on l'avait
déjà dit; ils observent que les puissances étrangères
attendent ce jugement pour reconnaître l'Empereur, que des préliminaires importans sont à ratifier
entre la France et une autre Puissance, et qu'un
jugement d'acquit peut tout faire rompre. Thuriot
ajoute: « Vous voulez mettre en liberté Moreau : il
» n'y sera pas mis; vous forcerez le gouvernement
» à faire un coup d'état, car ceci est une affaire
» politique plutôt qu'une affaire judiciaire, et il faut
» quelques fois des sacrifices nécessaires à la sûreté
» de l'Etat. » Granger répéta cette dernière idée
d'une manière encore plus forte, en fesant entendre
que l'on *devait condamner*, en ce cas même, *un
innocent*. La majorité, placée entre sa conscience
et des menaces, entre sa conscience et le gouvernement qu'on l'accuse de vouloir renverser ou trahir, entre sa conscience et la crainte réelle qu'elle
éprouve pour le général Moreau et pour elle-même,
reste calme et se tait; elle essaie cependant encore

de faire lâcher prise aux partisans de la mort, en leur fesant des observations modérées.

Lecourbe dit : « Il est bien étonnant que la mi-
» norité, soutenue par le directeur des débats (le
» premier président), viole ouvertement le prin-
» cipe humain et conservateur que tous les juges
» viennent à l'instant même de reconnaître et de
» consacrer (1), relativement au jeune Polignac;
» vous devez considérer comme acquise à l'accusé
» la voix qui lui est favorable; vous ne pouvez ni
» ne devez donc plus insister pour le faire condam-
» ner par les juges qui ont été d'avis de l'absoudre;
» cependant pour un illustre citoyen persécuté,
» vous changez subitement de conduite : c'est un

(1) Il est bon d'observer que six voix sur douze avaient été pour l'avis de sauver la vie au jeune Polignac, et que cependant Thuriot avait repris la parole pour chercher à le faire condamner. Un juge observa que cette manière d'opiner était inusitée et inhumaine; que, dans les Parlemens autrefois, la voix favorable à l'accusé lui était acquise *ipso dicto* ; que les Présidens ne pouvaient jamais demander de nouveau au juge qui l'avait donnée, quel était son avis, ou s'il en changeait ; et que l'on demandait par trois fois, mais seulement aux juges qui condamnaient, s'ils persistaient dans leur opinion. M. Laguilleaumie, ancien membre du Parlement de Paris, attesta ce fait ; et tous les juges consentirent à l'instant de s'y conformer : Thuriot n'insista plus, et le jeune Polignac fut seulement condamné à deux ans de prison.

» crime de lèze-humanité, qu'aucune considération » humaine ne peut excuser. » Le premier président fit encore de nouvelles observations, menaça de nouveau de rompre la délibération, interdit la parole à Lecourbe, et persista à exiger que la délibération fût continuée. Granger dit alors que, si l'on pouvait concilier ce que l'on devait au gouvernement avec l'opinion de la majorité, il verrait prendre cette mesure avec plaisir en considération du général Moreau; il proposa donc de le déclarer coupable, mais excusable, et de lui appliquer trois mois de prison. M. Laguilleaumie se rangea à cet avis, par attachement pour le gouvernement, quoique bien persuadé de l'innocence de Moreau; M. Clavier, persuadé qu'il rendait service à Moreau, et que peut-être il lui sauvait la vie, malgré la conviction de son innocence, se rangea néanmoins à la même opinion. On se récria sur une transaction impie, qui pour plaire à quelques hommes en place, flétrissait comme coupable un brave général innocent. Thuriot apostropha alors Lecourbe, en lui disant que c'était lui qui avait ourdi tout cela, et qu'il aurait dû se récuser dans cette affaire. Lecourbe répliqua qu'aucune loi ne l'obligeait à se récuser; qu'aucune considération favorable ou défavorable ne le forcerait jamais à voter contre sa conscience; que M. Thuriot lui fesait plus d'honneur qu'il ne méritait: que ses collègues avaient leur opinion , et que c'était les insulter que de donner à entendre qu'ils eussent pu en changer au gré du plus jeune de leurs collègues : il les interpella tous publiquement pour qu'ils eussent à déclarer si jamais il avait cherché à les capter d'une manière quelconque ; leur déclaration fut unanime pour la négative Cet incident terminé, le premier président demanda l'avis de M. Dameuve ; celui-ci observa qu'étant convaincu de l'innocence du général Moreau , il ne pouvait se déterminer par aucune considération humaine à le déclarer coupable ; observant toutefois que, d'après le principe consacré à l'occasion du jeune Polignac, il ne pensait pas qu'on dût lui demander une seconde fois son avis. Selves et Thuriot se rangèrent à l'opinion de Granger. Il était près de huit heures du soir, les juges dînèrent à la deuxième Chambre du Conseil, et remontèrent une demi - heure après à la Chambre des délibérations. Pendant le dîner il y eût beaucoup d'allées et de venues, de colloques particuliers, et de rapports avec le cabinet du président.

Quand on eut repris séance, M. Lecourbe obtint la parole à son tour, et dit : « Avant de vous don-
» ner mon opinion sur la nouvelle proposition qui
» a été faite, je dois répondre à quelques réflexions
» données par les préopinans, et notamment par

» le rapporteur. 1º. On a dit que les défenseurs de
» Moreau avaient avoué que ce général s'était at-
» tiré son arrestation, et peut-être sa mise en accu-
» sation, et qu'ainsi il y avait une espèce d'aveu de
» culpabilité. Je ne pense pas de même; il est évi-
» dent, et j'en ai la certitude, que cet aveu n'a
» été fait que par déférence pour le gouvernement,
» afin de lui sauver, aux yeux du public, l'odieux
» de l'arrestation et de la mise en accusation, et
» pour présenter une pierre d'attente à la récon-
» ciliation de Moreau avec le chef de l'Etat, récon-
» ciliation à laquelle je sais qu'on travaille. (Ici
» M. Thuriot observa que M. Lecourbe était bien
» savant sur cet objet). M. Lecourbe repartit : que
» ce qu'il avançait était un bruit à peu près public
» qui lui avait été rapporté, et qu'au surplus *Mon-*
» *sieur Thuriot en savait encore bien plus que*
» *lui dans cette affaire.* »

» 2º. On a observé que le Sénat, le Tribunat et
» le Corps-législatif, avaient reconnu la culpabilité
» du général Moreau, et qu'en donnant une déci-
» sion contraire, c'était fronder l'opinion des autori-
» tés les plus respectables. Je ne pense pas que l'on
» puisse abuser plus étrangement des mots et des
» choses; le Sénat, le Tribunat et le Corps-législa-
» tif, n'ont pas été appelés à prononcer comme ju-
» ges sur la prétendue conspiration, et sur la cul-

» pabilité de Moreau : ainsi, dire qu'ils ont pro-
» noncé, c'est dire une sottise ; mais il y a plus, on a
» calomnié, par ce propos, les trois Corps les plus
» respectables de l'Etat ; il y a eu des communica-
» tions de la part du gouvernement à ces trois Corps
» sur la conspiration ; ils ont félicité le chef de l'Etat
» d'être échappé au danger qu'il avait couru ; mais
» on sent bien que ces félicitations ne sont que des
» politesses d'étiquette et des actes de déférence
» dues au premier Consul, et non pas un jugement
» quelconque sur l'existence de la conspiration et
» sur la culpabilité des prévenus : sans cela, il eût
» été inutile de soumettre l'affaire et les accusés à
» une cour de justice criminelle.

» 3°. On a dit qu'en acquittant Moreau, nous al-
» lions empêcher les Puissances étrangères de recon-
» naître l'Empereur, et arrêter la signature de pré-
» liminaires importans avec une grande puissance.
» Je ne sais pas à quel point, Messieurs Hémart et
» Thuriot sont dans la confidence du chef de l'Etat ;
» mais je sais très-bien qu'il ne confie pas aisément
» ses secrets, surtout des secrets de cette impor-
» tance ; d'ailleurs un mot répond à tout cela. Nous
» sommes juges et non pas diplomates, et nous
» nous couvririons d'infamie en sacrifiant notre
» conscience à des considérations entièrement
» étrangères, surtout si nous faisions attention qu'on

» les met en avant sans preuve et sans aucune es-
» pèce de probabilité.

» 4°. On a dit que nous allions allumer la guerre
» civile et provoquer le renversement du Gouver-
» nement en acquittant Moreau. Je me rappelle
» parfaitement avoir entendu dire au rapporteur
» que Moreau aurait sa grâce, s'il était condamné.
» Pourquoi donc serait-il plus dangereux pour le
» gouvernement, étant acquitté qu'étant grâcié :
» c'est donc une flétrissure gratuite que l'on vou-
» drait imprimer à un général estimable et estimé ;
» une condamnation injuste serait plutôt capable
» d'exciter du trouble qu'un honorable acquitte-
» ment. Nous nous couvririons d'ignominie pour
» donner au chef de l'Etat le plaisir de grâcier
« un innocent. Quelle effroyable proposition ! Au
» surplus, le peuple attend avec intérêt la fin
» de ce procès ; mais je pense que c'est le calom-
» nier que de lui supposer de mauvaises inten-
» tions.

5°. On a dit que c'était ici une affaire politique
» plutôt qu'une affaire judiciaire ; que Moreau ne
» serait pas mis en liberté ; qu'on forcerait le gou-
» vernement à faire un coup d'état, etc. Tous ces
» propos me paraissent calomnier le gouvernement
» lui-même ; nous sommes d'ailleurs juges, et nous

*

» devons juger en juges, et non en politiques. Le
» gouvernement a sans doute déjà pris, et prendra
» au besoin les mesures les plus convenables à sa
» sûreté et à sa dignité ; il a dû compter sur la chance
» de l'acquittement ou de la condamnation, et agir
» en conséquence. Supposer le contraire, ce serait
» ne supposer aucune liberté à nos délibérations ;
» les craintes que l'on cherche à nous inspirer me
» paraissent donc chimériques ; il y a des moyens
» suffisans pour empêcher toute émeute et pour
» parer aux événemens qui pourraient être la suite
» du jugement que nous allons rendre.

» Toutes ces réflexions me portent à persister
» dans ma première opinion, et à regarder le géné-
» ral Moreau comme innocent. »

M. Bourguignon a observé qu'il était de l'avis de
ceux qui déclaraient Moreau coupable, mais excusable ; il a dit ensuite qu'il ne pensait pas que l'on
dût ne lui appliquer que trois mois de prison ; qu'il
s'agissait de le *forcer à s'humilier* devant Bonaparte ; et qu'en ne le condamnant qu'à trois mois
de prison, on ne parviendrait pas au but indiqué,
qu'il fallait lui donner deux ans de prison, et a
conclu à cette peine.

M. Rigault a observé qu'il ne croyait pas que des

juges pussent appliquer , dans cette circonstance , l'article du Code des Délits et des Peines , qui permet aux jurés de déclarer un accusé excusable ; qu'il préférerait condamner Moreau , plutôt que d'adopter la mesure proposée ; qu'au surplus , on ne devait plus lui demander son avis , dès qu'antérieurement il l'avait donné pour l'acquittement.

M. Desmaisons dit : « Puisque c'est le salut de » l'Etat, et, seulement, par cette grande considéra-» tion , je vote comme M. Bourguignon. » M. Martineau , président , a rappelé deux circonstances comme étant à la charge du général Moreau , et a conclu par adopter l'avis de Bourguignon. Hémart, premier président , s'est rangé au même avis ; Thuriot, Granger , Selves et La Guillaumie , ont fait de même ; Clavier ne s'est pas expliqué ; MM. Rigault, Lecourbe et Dameuve (1) , ont persisté dans leur opinion ; la majorité de huit voix pour deux ans de prison ayant été constatée , le jugement a été arrêté,

(1) MM. Lecourbe et Rigaud ont été frappés par le Décret du 24 mars 1808 : on sera peut-être étonné de n'avoir pas vu Dameuve enveloppé dans la même proscription ; mais on assure que le premier Président et le Procureur général , pour sauver Dameuve , ont mis son opinion sur le compte de M. de la Guillaumie , qui , depuis le jugement de Moreau , à l'époque de l'épuration , était décédé.

et l'on a passé à la discussion de la culpabilité des autres accusés (1).

Nota. Ma mémoire n'a pas pu me fournir l'analyse des divers discours prononcés par les juges sur la culpabilité ou la non-culpabilité du général Moreau. Ceux qui condamnaient s'étayaient sur l'acte d'accusation ; et ceux qui absolvaient, se rapprochaient plus ou moins de mon opinion, développée précédemment. Tous les accusés dans ce procès ont été acquittés ou condamnés à une majorité plus ou moins forte, sans qu'il y ait eu beaucoup de discussion. Je m'abstiendrai donc de tous détails ultérieurs ; je ferai seulement observer que, lorsque j'émis l'opinion, comme juge et comme juré, d'acquitter M. Armand de Polignac, le premier président voulut absolument m'obliger de développer les motifs de cette opinion ; ce à quoi je me refusai. Mêmes débats et mêmes refus eurent lieu pour les autres. Je fus obligé de me référer à ce que j'avais dit sur la question de l'existence du délit.

(1) Il est bon d'observer que, pendant la délibération, avant, pendant et après le souper, il y avait dans le cabinet du Président, attenant à la chambre du Conseil, plusieurs Officiers, et notamment le général Savary ; que Thuriot est sorti plusieurs fois, et a eu des colloques avec eux et avec M. Réal, chargé de la police.

FIN.